김병완의 결정책 시리즈 10부작 제1권

결정적 순간의 책읽기

인생의 결정적인 순간에 위기 대처 능력을 향상시켜 주는 책(冊) 읽기

김병완

플랫폼연구소

< 김병완의 결정책 시리즈 10부작 제1권 >

김병완의 결정적 순간의 책(冊) 읽기_1권
비탄에 빠졌을 때_행복하게 살고 싶다면

인생의 결정적인 순간에 위기
대처 능력을 향상시켜 주는 책(冊) 읽기

" 얼마나 많은 사람들이 한 권의 책을 읽고 자기 인생의 새로운 기원을 마련했던가. 우리의 기적들을 설명해 주고 새로운 기적들을 계시해 줄 책이 어쩌면 우리를 위하여 존재할 가능성은 크다."

< 헨리 데이비드 소로우, [월든] 중에서 >

“ 당신에게 가장 필요한 책은 당신으로 하여금 가장 많이 생각하게 하는 책이다.”

_ 마크 트웨인.

“ 한 인간의 존재를 결정짓는 것은 그가 읽은 冊과 그가 쓴 글이다. “

– 도스토예프스키 –

프롤로그_ 책은 인생을 밝혀주는 등불이다.

' 책을 잘 읽고 산다는 것은, 경이로운 세상에 눈을 뜨고 매일매일 세상과 나 자신의 잠재력에 대해 새로운 것들을 배우며 정신적으로 한 차원 높은 삶을 살아가는 것이다.'

<전략적 책읽기>의 저자 스티브 레빈의 이 말처럼 책을 잘 읽고 산다는 것은 자신의 한계를 훌쩍 뛰어넘어 한 차원 높은 삶을 살아가는 것이라고 말 할 수 있다. 그런 점에서 책읽기는 기적을 창출해 내는 기적 그 자체이다.

책이 아니라면 우리는 과거에 살았던 수많은 현인의 지혜와 통찰력에 대해 알 수 없었을 것

이고, 생각의 재료가 되는 지식을 축적하지도 못했을 것이며 생각의 계기가 되어 주는 역사와 이야기를 많이 접하지도 못했을 것이다.

부침이 많은 것이 바로 우리의 인생이다. 이러한 인생을 살아 나가다 보면 때로는 억장이 무너질 만큼 아프고 당황스럽고 어찌해야 할 바 몰라 발만 동동 구르면서도 아무것도 할 수도 없었고, 무엇을 어떻게 해야 하는지도 몰라서 더 힘들었던 시기를 경험하게 된다.

이 책은 바로 이러한 절체절명 위기의 순간 혹은 인생에 찾아오는 결정적인 순간에 꼭 읽어봐야만 하는 책들에 관한 이야기이다. 만약에 그 위기의 순간 혹은 결정적인 순간에 이 책을 읽었었더라면 좀 더 지혜롭고 의연하게 잘 대처해 나갔을 것이고, 그러한 조금의 차이는 긴 인생을 살면서 모이고 쌓여서 인생의 성공과 실패를 결정짓게 되는 중요한 차이가 되어 우리에게 보상해 줄 것이다.

그런 점에서 책을 읽으면서 살아가는 사람들과 책과 동떨어져서 살아가는 사람의 삶은 보이지 않는 큰 간격이 생길 수밖에 없는 것이다.

중요한 사실은 인류가 가진 부의 대부분을 소유하고 운용하고 있는 사람들은 후자가 아니라 전자들이며, 새로운 부를 창출해 내는 사람들도 또한 바로 그들이라는 점은 우리에게 책은 선택이 아니라 인생을 제대로 잘 살아가기 위해서는 꼭 필요한 필수 조건이라는 사실을 잘 보여주는 사례일 것이다.

위대한 발명가, 위대한 정치인, 위대한 대왕, 위대한 혁명가, 위대한 경영자, 위대한 방송인, 위대한 학자와 같은 위대한 인물 중에 책을 읽지 않은 인물들이 과연 있을까?

그렇다고 위대한 인물이 되기 위해서 책을 읽어야 한다고 말하는 것은 아니다.

이 책의 존재 목적은 버트런드 러셀이 한 말에

토대를 두고 있다.

“ 내게 좋은 책을 알려주는 사람이 있었다면, 이렇게 오랜 시간에 걸쳐 시행착오를 하지 않았을 텐데 ....”

바로 이것이다. 당신에게 그것도 결정적 순간에 당신이 오랜 시간에 걸쳐 시행착오를 하지 않을 수 있도록 좋은 책을 알려 주는 것이다. 이것이 바로 이 책의 목적이다. 그렇기 때문에 이 책은 처음부터 끝까지 순서대로 읽어야 하는 그런 책이 아니다. 자신의 인생이 현재 직면하고 있는 상황에 맞추어 필요한 부분을 읽어서 자신이 처한 결정적 순간에 읽었을 때 가장 유익하고 도움이 되는 그런 좋은 책에 대해 알게 해 주는 그런 책이다.

책이 책을 읽는다는 말이 있듯이, 이 책은 또 다른 책을 읽게 만드는 그런 책의 구실을 톡톡하게 해 낼 것이라고 믿는다.

책을 읽는다는 것은 인간만이 누릴 수 있는 특권이며 사치 중 사치라고 할 수 있다. 당신은 이러한 사치와 특권을 누릴 자격이 있다. 과거 중세 시대에는 최고의 특권층만이 책에 접근할 수 있었다는 사실을 생각해 보면, 지금 이 시대에 살고 있는 것만으로도 우리는 행복한 사람임에 틀림없다.

'좋은 책을 읽는 것은 지난 몇 세기에 걸쳐 가장 훌륭한 사람들과 대화하는 것과 같다.' 라고 말한 데카르트는 책의 위력과 유익함을 너무나 잘 알고 있었던 현인 중 한 명이었다. 당신도 이제 지난 몇 세기에 걸쳐 가장 훌륭한 사람들과 더 많은 대화를 나누는 그런 기회를 지금까지보다 더 많이 가져 보기를 바란다.

책은 인류가 힘겹게 오랜 시간 걸어오면서 쌓아 올린 사색의 결정체이며 인생을 밝혀주는 등불이다. 책은 궁지에 몰린 이에게는 새로운 돌파구를 발견할 수 있게 해 주는 돌파구이며, 어떤 시련과 역경도 헤쳐 나갈 수 있게 해 주는 원동력이다.

책은 비탄에 빠진 사람에게는 위안이 되며, 절망한 사람들에게는 용기가 되며, 방황하는 이들에게는 인생의 나침반이 되어 주며, 세상에 지친 이들에게는 오아시스가 되어 주며, 가난한 이들에게는 부자가 되는 길을 제시해 주고, 실패한 이들에게는 성공할 수 있는 길을 제시해 준다.

이런 이유와 근거를 토대로 필자는 장담할 수 있다.

" 이 세상에서 책을 읽는다는 것은 최고의 특권이며, 사치이며, 축복이다. "

목차

프롤로그_ 책은 인생을 밝혀주는 등불이다.

제1장. 비탄에 빠졌을 때

_ 행복하게 살고 싶다면

인생은 예술이다. 당신은 예술가다.

< 어떻게 행복해질 수 있을까 >

_ W. 베란 울프

훌륭한 책들도 모두 지루한 부분이 있다.

< 행복의 정복 >

_ 버트런드 러셀

어둠은 볼 수 있다는 게 얼마나 감사한

일인지 일깨워준다.

< 사흘만 볼 수 있다면 >

_ 헬렌 켈러

인생은 90%의 생각과 10%의 행동으로
이루어진다.
< 존 그레이 성공의 기술 >
_ 존 그레이

무엇을 위해 쉼 없이 일하는가?
< 행복의 중심 휴식 >
_ 울리히 슈나벨

에필로그 _ 책은 삶의 특권이며 최고의
사치이며 향락이다.

“ 나는 한 시간의 독서로 누그러들지 않는

어떤 슬픔도 알지 못한다.”

– 몽테스키외 –

제1장. 비탄에 빠졌을 때 _ 행복하게 살고 싶다면

“ 행복은 우리 인간이 훌륭하고 멋진 인생이라는 것에 투자하는 대가로 자연이 지불해 주는 이자(이자)이다. 그것은 완성되었을 때의 포상금이 아니라 올바른 방향으로 첫걸음을 내디딜 때부터 받을 수 있는 배당금이다. 게다가 복리로 늘어난다.” < W. 베란 울프, [어떻게 행복해 질 수 있을까], 26쪽 >

“ 근본적인 행복은 무엇보다 인간과 사물에 대한 따뜻한 관심에서 비롯된다. 인간에 대한 따뜻한 관심은 사랑의 일종이다. .... 행복을 가져오는 사랑은 다른 사람들을 관찰하기를 좋아하고 개인들의 특성 속에서 기쁨을 느끼는 사랑이며, 만나는 사람들을 지배하려고 하거나 열광적인 찬사를 받아내려고 하는 대신, 그들의 관심과 기쁨의 폭을 넓혀주려고 하는 사랑이다. 이런 태도로 다른 사람들을 대하는 사람들에게 행복을 가져다주는 원천이 될 것이며, 그 대가로 친절을 되돌려 받을 것이다.” < [행복의 정복], 버트런드 러셀 >

인생은 예술이다. 그리고 당신은 예술가다.

< 어떻게 행복해질 수 있을까 >

_ W. 베란 울프

“ 완벽하고 행복한 인간이 되는 길을 창조적인 자기 조각의 과정에 비유할 수 있다. 이러한 비유적인 표현이 마음의 평온과 충족감을 얻고 용기를 지닌 채 앞날에 희망을 품고 자유를 느끼며 객관적인 자부심을 획득할 때까지의 도정(道程) –이것들은 행복에 없어서는 안 되는 전제 조건들이다–을 가장 잘 묘사하고 있다.” < 24쪽 >

인생을 잘 살아간다는 것은 과연 어떻게 살아가는 것일까?

쉽게 대답할 수 없는 어려운 질문일 것이다. 그래서 우리들은 우리 자신의 부족한 지혜나 지성에 의지하기보다는 옛 선현들과 수많은 사람의 지성과 의견에 귀를 기울인다. 혼자만의 생각에는 편견이 섞여 있기 때문이며, 넓고 길게 내다보며 삶을 성찰할 수 없기 때문이다. 그래서 우리는 수많은 사람의 생각을 살펴볼 필요가 있다. 그리고 그렇게 할 수 있는 가장 좋은 방법으로는 아무리 생각을 해 봐도 독서만큼 좋은 방법은 없는 듯하다.

누군가가 매우 어리석고 배운 것도 없어서 인생을 그다지 효과적으로 능률적으로 잘 살아가지 못하다가 수많은 책을 읽고 나서 비로소 인생을 잘 살아가게 되었다고 해서 모든 사람이 책을 읽으면 그 사람처럼 그렇게 된다고 말할 수는 없지만, 인생을 잘 살아가고, 행복하고 성공적인 삶을 잘 살아내고 있는 사람들은 대부분

책을 가까이하는 사람들이라는 사실은 틀림없는 사실이다.

반복적으로 많은 책들을 읽는 사람들과 그렇지 않은 사람들은 결국 달라지게 되어있다. 아리스토텔레스의 표현을 빌리자면, 사람은 반복적으로 행하는 것에 따라 판명되는 존재이기 때문이다.

그렇다면 책을 많이 읽지 않은 사람들에게, 그리고 많은 책을 읽는다는 것이 자신에게 현재 주어진 환경 속에서는 매우 힘든 사람들에게 최선의 독서 방법은 얼마나 자신의 환경과 처지에 꼭 필요한 책들을 선택적으로 선정하여 읽어내느냐 하는 것이 될 것이다. 그런 점에서 우리가 지금 어떤 삶을 살고 있더라도 이 책은 매우 중요하고 필요한 책일 것이다.

삶의 본질을 성찰하고 어떻게 살아가야 할 것인가에 대한 책이기 때문이다. 물론 이런 주제의 책들은 서점에 가면 차고 넘친다. 하지만 이 책이 그런 책들과 다른 점이 있다면 세월이라는 혹독한 검증과 잣대를 통과해서 살아남았다는 것이다.

많은 책 중에서도 특히 오랫동안 패러다임의 전환 속에서도 엄중한 검증을 통과하여 고전으로 살아남은 책들은 그만큼의 가치가 있다는 사실을 우리는 잘 알고 있다. 그러한 고전 중에서도 인생에 대해 잘 말해주고 있는 책, 그렇게 어렵지 않으면서도 깊은 의미를 담고 있는 책 중에 하나가 바로 이 책이라고 말할 수 있을 것이다.

이 책의 저자는 인생을 살아가는 사람들이 기본적으로 3가지 태도 중에 하나를 선택하여 살아가고 있다고 말한다.

첫 번째 태도는 '순무(無)의 철학' 을 갖고 인생에 접근하는 방법이다. 그저 인생이란 먹고 마시고 결혼하고 살아가는 것이라는 생각과 태도를 갖고 살아가는 방법이다. 그렇기 때문에 별다른 목적이나 꿈이나 원대한 목표와 같은 우리의 피를 끓게 해 주고, 가슴 설레게 해 주는 것들이 이런 유형의 삶을 사는 사람들에게는 부재한다. 그렇기 때문에 이들에게 최고의 인생은 그저 이런저런 문제에 시달리지 않고 조용히 별 어려움 없이 쉽게 편하게 생존하는 것이다.

좋게 생각하면 노자의 무위사상과 비슷하다고 할 수 있다. 물론 노자에게도 어떤 원대한 목표나 목적, 꿈같은 것이 없었을 것이라고 여겨진다. 공자가 평생 제자들을 가르치며 공부하는데 목표를 정했다는 것을 생각해 볼 때 노자가 더 '순무의 철학' 에 가까운 것은 확실하다.

두 번째 태도는 '인생은 비즈니스다' 라는 태도를 가지고 인생을 살아가는 방법이다. 그래서 모든 것이 자신의 이득과 결부되어 있다. 모든 행동과 태도를 결정하는 것은 다름 아닌 이득이다. 모든 경쟁과 노예 제도, 전쟁, 계급투쟁, 전제 정치, 약소국의 착취, 노동자의 착취 등과 같은 것도 모두 인생은 비즈니스라는 논리에서 비롯되는 것이라고 할 수 있다.

이런 태도로 살아가는 사람들은 '힘이 곧 정의다' 라는 신념을 가질 수밖에 없게 된다. 결국 더 많은 힘을 쟁취하는 것이 더 많은 유익을 얻게 되기 때문이다. 그래서 무한 경쟁을 이끌어 내는 자본주의 시스템과 마인드가 보편화 되고 있는 것인지도 모른다. 그리고 그러한 현상은 지금 이 시대를 살아가고 있는 사람 중에서 이와 같은 태도를 고수하며 살아가는 사람들이 적지 않다는 것을 의미하는 것인지도 모른다.

세 번째 태도는 '인생은 예술이다' 라는 예술가적인 접근 방식이다. 이러한 태도를 가진 사람들은 '어떤 이득을 인생을 통해 얻을 수 있을까' 라는 생각 대신에 ' 무엇을 표현해 낼 수 있을까' '세상을 어떻게 감동하게 하고 놀라게 할 수 있을까' 라는 생각을 하면서 살아간다. 이 책의 저자는 깊이 연구하면 연구할수록 예술가적인 접근 방식을 가진 사람들의 생활방식이 인간의 행복과 모순이 되지 않는 유일한 생활 방식이라는 사실에 대해 점점 더 강한 확신을 가질 수 있게 되었다고 말한다.

인생을 예술이며, 우리 자신은 예술가라고 생각하며 살 때 우리들이 좀 더 행복한 삶을 살아갈 수 있는 근거 중 하나는 자아실현의 욕구가 다른 욕구들보다 훨씬 더 고차원적인 욕구이기 때문이다. 인간은 저차원적인 생리적이고 기본적인 욕구가 충족된다고 행복해지는 것은 아니다. 그것은 그저 생존을 위한 필요조건일 뿐이다. 생존을 위한 필요조건만으로는 우리는 행복해지지 않기 때문에 우리에게는 고차원적인 욕구가 존재하는 것이다.

그리고 이것은 매슬로우(Abraham Harold Maslow)가 주창한 인간의 욕구 5단계 이론을 토대로 볼 때 더 정확하게 이해할 수 있다. 생리적 욕구, 안전의 욕구, 소속과 애정의 욕구, 자존의 욕구, 자기실현의 욕구의 5단계로 분류될 때, 최고의 욕구는 자기실현의 욕구이다. 그리고 이것은 우리가 예술가로 살아가며 우리의 인생을 조각해 갈 때 가능하다.

이 책의 저자는 행복한 인생이란 얼마나 더 많은 돈을 벌고, 이득을 얻었느냐가 아니라 자신의 삶을 얼마나 훌륭하게 예술 작품으로 조각해 나갔느냐에 따라 결정되는 것이라고 조언 해 준다. 그렇기 때문에 우리가 얼마나 슬프고 비탄에 잠겼는지는 아무 문제가 되지 않는 다. 오히려 암흑과 같은 슬픔과 비탄에 빠졌더라도 자신의 삶을 훌륭하게 빛어 낸 사람들이 적지 않을 뿐만 아니라 그러한 사실 때문에 더 빛을 발하게 된다는 사실을 우리는 알고 있다.

사마천이 남자로서 가장 심한 수치인 궁형을 당하는 좌절과 슬픔과 비탄에 잠겼음에도 중국 최고의 통사인 [사기]를 집필해 낸 것은 자신의 인생을 예술가로서 훌륭하게 빛어낸 멋진 사례 중에 히나라고 할 수 있다. 사마천은 어떻게 하면 더 큰 이득을 얻을 것인지에 대해 초점을 맞추지 않았다. 그는 ‘어떻게 하면 위대한 역사책을 집필할 수 있을까‘ 에만 집중했던 것이다.

우리가 그에게서 배워야 할 삶의 자세는 자신이 당한 너무나 끔찍한 궁형이라는 슬픔과 아픔에 집중하기보다는 자신이 예술가로서 어떻게 멋진 인생을 빚어낼 것인가에만 집중하고 초점을 맞추는 삶의 자세인 것이다.

이 책은 비탄에 잠겨 시름하는 자들을 위한 책이 아니라 용기를 내어 자신도 행복한 삶을 충분히 만들어 나갈 수 있다고 믿고 노력하는 사람들을 위해 창조적인 자기 조각의 예술, 즉 행복해질 수 있는 기술에 대한 책이다.

행복학의 고전으로 평가받고 있는 이 책은 비탄에 잠겼다가 다시 용기를 내어 인생을 당당히 걸어가고자 하는 사람들에게 여러 가지 격려의 목록을 제시하고, 멋진 인생의 기본 원칙들을 깨닫게 해 줌으로써, 독자들을 고무시키고 자신을 단련하고 향상시켜 나갈 수 있도록 시야를 넓혀주는 책이다.

이 책의 다른 자기계발서와 다른 점은 심리학적으로 인간과 인생에 대해 깊은 통찰과 지혜가 담겨 있다는 점이다. 이 책의 저자가 걱정한 것도 바로 이것이다. 이 책의 저자가 이 책이 또 하나의 심리학 저서가 되는 것을 피하기 위해 노력했다는 사실을 통해 심리학에 많은 토대를 두고 있는 책임을 알 수 있다.

비탄에 잠겨 무의식적인 식물적 기능에 따라 '그럭저럭 살아가기' 를 하고 있는 독자들이 의식적으로 인생의 의미를 이해하며 행복하게 살아가고 싶다면 이 책을 꼼꼼히 읽어 보기를 권하고 싶다. 바로 그런 자들을 위한 책이 바로 이 책이기 때문이다.

" 행복은 우리 인간이 훌륭하고 멋진 인생이라는 것에 투자하는 대가로 자연이 지불 해 주는 이자(利子)이다. 그것은 완성되었을 때의 포상금이 아니라 올바른 방향으로 첫걸음을 내디딜 때부터 받을 수 있는 배당금이다. 게다가 복

리로 늘어난다.” < W. 베란 울프, [어떻게 행복해 질 수 있을까], 26쪽 >

행복이란 우리가 우리 인생을 멋진 명품으로 조각해 가고 빛어내기 위해 노력할 때 그 대가로 세상으로부터 우리가 받는 선물이며 이자인 셈이다. 재미있는 사실은 포상금이 아니라 배당금이라는 사실이다. 그리고 그것이 의미하는 것은 쾌락을 추구할 때 자신의 재산을 다 탕진해 버리는 것과는 전혀 다른 것이라는 사실이다. 또한 행복은 ‘게다가 복리로 늘어난다.’ 라는 말의 의미를 우리는 곱씹어볼 만한 충분한 가치가 있다고 생각된다.

" 행복한 사람은 자신이 우주를 구성하고 있는 한 성원임을 자각하고, 우주가 베푸는 아름다운 광경과 기쁨을 만끽하고 누리는 사람이라고 한다. 그러기 위해서는 정신없이 광분하며 쾌락에 찌들고 흥청망청해서는 그것이 불가능하기에 조용한 분위기, 사색, 명상, 고요, 평안, 여유, 휴식 등과 같은 상황 속에 있어야 하는 것이다."

– 버트런드 러셀 –

훌륭한 책들도 모두 지루한 부분이 있다.

< 행복의 정복 >

_버트런드 러셀

“ 행복한 사람은 객관적으로 생활하며, 자유로운 애정과 광범한 흥미를 지닌 사람이며, 이러한 흥미와 애정을 통해 자기의 행복을 성취하고, 또 자기가 남에게 흥미와 애정의 대상이 됨으로써 행복을 느끼는 사람이다. 애정을 받는다는 것은 행복의 중요한 요소지만 애정을 요구하는 사람에게는 그것이 주어지지 않는다. 일반적으로 말해서 남의 애정을 받는 사람은 남에게 애정을 베푸는 사람이다. 그러나 이자를 받고 돈을 빌려주는 것처럼 계산속으로 인해 사랑을 베푸는 것은 소용없는 짓이다. 왜냐하면 타산적인 애정은 참된 애정이 아닐뿐더러 이를 받는 사람에게서도 애정으로 간주되지 않기 때문이다.” < 197쪽 >

이 책은 저자의 말대로 심원한 철학이나 깊은 학식이 담겨 있는 책이 아니다. 단지 불행 속에 빠져 있는 사람들로 하여금 불행으로부터 벗어나는 방법을 시사해 주기 위한 책이다. 그래서 이 책의 저자는 우리가 올바른 방향을 향해 올바른 방법으로 노력할 때 행복하게 되리라고 확신한다.

이 책의 전반부는 우리를 불행하게 만드는 원인이 무엇인지에 대해서, 후반부는 우리를 행복하게 해 주는 것들에 대해서 각각 언급을 해 놓고 있다.

이 책의 저자에 따르면 우리를 불행하게 만드는 것들은 경쟁, 권태와 자극, 피로, 시기와 질투, 죄의식, 피해망상, 세상과 여론에 대한 공포 등이라는 것이다. 짐승은 건강하고 먹을 것이 충분히 있는 한 행복하지만 인간은 태반이 그렇지 못하다고 한다.

이 책의 저자는 일정한 양의 자극은 건강에도

이롭지만, 문제는 양에 있다고 한다. 너무 적으면 병적인 갈망을 자아내고, 너무 많으면 심신을 지치게 만든다는 것이다. 그래서 권태를 어느 정도 견딜 수 있는 힘은 행복한 삶에 필수적인 것이라고 말한다.

“아무리 훌륭한 책들이라도 모두 지루한 부분이 있으며, 아무리 위대한 삶에도 재미없는 시기가 있다. …….. 아무리 최고의 소설들이라도 지루한 대목이 끼어 있는 법이다. 첫 페이지에서부터 마지막 페이지까지 반짝거리는 소설은 위대한 소설이라고 할 수는 없을 것이다. 대부분의 위인들의 생애 역시 몇 개의 위대한 순간을 제외하고는 감격적인 것이 아니었다. 소크라테스는 때때로 연회도 즐겼을 것이고 독약의 효과가 서서히 그의 몸에 번져 가고 있는 동안에는 대화로부터 상당한 만족을 느꼈을 것이지만, 그의 생애의 대부분은 아내인 크산티페와 조용히 살면서 오후에는 운동을 겸한 산책을 하고, 길에서 친구들 몇을 만나기도 했을 것이다. 칸트는 평생 동안 쾨닉스베르크에서 10마일 밖으로 나가 본 적이 없다고 한다. 다윈은 세계 일주를 한 뒤에 나머지 전 생애를 자신의 집 안에서 보냈다. 마르크스는 몇 번의 혁명을 선동한 뒤에는 대영 박물관에서 여생을 보내기로 마음먹었다. 전체적으로 본다면 조용한 삶이 위인들의 특징이며, 그들의 기쁨은 외부인의 눈으로 보기에는 신나는 것이 아님을 알 수 있다." < 33 ~ 35쪽 >

물론 위인들의 경우에는 자신이 하는 일을 성취하기 위해 너무나 몰두하고 힘을 들이고 끈질긴 노력을 하기 때문에 다른 오락을 즐길 만한 여력이 남아 있지 않거나 혹은 자신이 하는 일이 너무나 즐겁고 흥분되는 것이기에 다른 것들에는 관심조차 두지 않는 것일 수 있다. 이 문장의 첫 문장은 개인적으로 정말 멋진 문장이며 그리고 심오하고 오묘한 문장이라고 여겨진다.

이 책의 저자는 행복한 인생이란 매우 많은 측면에서 조용한 인생이어야 한다고 주장한다. 진정한 기쁨은 조용한 분위기 속에서만 자랄 수 있는 것이라고 그는 생각하기 때문이다.

행복한 사람은 자신이 우주를 구성하고 있는 한 성원임을 자각하고, 우주가 베푸는 아름다운 광경과 기쁨을 만끽하고 누리는 사람이라고 한다. 그러기 위해서는 정신없이 광분하며 쾌락에 찌들고 흥청망청해서는 그것이 불가능하기에 조용한 분위기, 사색, 명상, 고요, 평안, 여유, 휴식 등과 같은 상황 속에 있어야 하는 것이다.

여기서 좀 더 나가서 이 책의 저자는 행복한 사람이라면 개인주의적이거나 이기주의적이지 않아야 한다는 사실에 대대 강조한다. 그래서 행복한 사람은 자신은 자신의 뒤를 이어 태어나는 사람들과 동떨어진 존재가 아니라고 생각하기 때문에 죽음을 생각할 때도 괴로워하지 않는 다는 것이다. 그리고 이것은 좀 더 넓은 의미의 타인과 세상에 대한 사랑과 관심이라고 할 수 있다.

그래서 이 책의 저자는 근본적인 행복은 무엇

보다 인간과 사물에 대한 따뜻한 관심에서 비롯된다고 말한다.

인간에 대한 따뜻한 관심은 사랑의 일종이라는 것이다. 행복을 가져오는 사랑은 다른 사람들을 관찰하기를 좋아하고 개인들의 특성 속에서 기쁨을 느끼는 사랑이며, 만나는 사람들을 지배하려고 하거나 열광적인 찬사를 받아내려고 하는 대신, 그들의 관심과 기쁨의 폭을 넓혀주려고 하는 사랑인 것이다. 이런 태도로 다른 사람들을 대하는 사람들에게 행복을 가져다주는 원천이 될 것이며, 그 대가로 친절을 되돌려 받을 것이며 더불어 행복한 삶을 살아갈 수 있다는 것이다.

그래서 자기 자신 속에 갇혀 있기 때문에 불행에 시달리는 사람들은 자기 자신의 것(자기 자신의 불행)만을 생각하고 있는 한 그것으로부터 벗어날 수 없게 된다. 행복은 재미있게도 이기주의자가 아닌 이타주의자를 더 좋아하고 선호한다는 것이다.

" 행복한 사람은 객관적으로 생활하며, 자유로운 애정과 광범한 흥미를 지닌 사람이며, 이러한 흥미와 애정을 통해 자기의 행복을 성취하고, 또 자기가 남에게 흥미와 애정의 대상이 됨으로써 행복을 느끼는 사람이다. 애정을 받는다는 것은 행복의 중요한 요소지만 애정을 요구하는 사람에게는 그것이 주어지지 않는다. 일반적으로 말해서 남의 애정을 받는 사람은 남에게 애정을 베푸는 사람이다. 그러나 이자를 받고 돈을 빌려주는 것처럼 계산속으로 인해 사랑을 베푸는 것은 소용없는 짓이다. 왜냐하면 타산적인 애정은 참된 애정이 아닐뿐더러 이를 받는 사람에게서도 애정으로 간주되지 않기 때문이다." < 197쪽 >

그렇다면 이 책을 통해 얻게 된 교훈은 우리가 불행한 것은 아마도 자기 집착, 자신의 불행에 집중하고, 타인과 세상에 관심이 결여 되어 있기 때문이라고 할 수 있다는 사실이다. 행복한 생활은 이런 이유에서 놀랄 만큼 선한 삶과 밀

접하게 연결되어 있음을 우리는 알 수 있다.

자신과 외부 세계 사이에 벽을 쌓아 놓고 살아가는 사람은 결국 불행이라는 감옥을 스스로 만들어 놓고 그 안에서 살아가는 사람들이다. 우리는 혼자가 아니다. 우리가 외부 세계와 우리가 아닌 타인을 향해 벽을 허물고 그들에게 사랑과 관심을 베풀 때, 우리는 그만큼 더 행복해질 수 있는 것이다. 이것이 이 책이 우리에게 선사해 주는 교훈일 것이다.

우리가 비탄에 빠져서 불행에 허덕이고 있을 때, 우리에게 필요한 것은 우리의 불행과 비탄에 대한 치료와 위안이 아니라, 타인과 세상을 향한 열린 마음과 따스한 관심일 것이다. 그것이 우리의 비탄과 불행을 사라지게 해 주는 것임을 필자는 어둠을 물리치는 방법을 통해 깨달았다. 어둠을 물리치기 위해서는 어둠에 집중해서는 안 된다. 그리고 어둠을 물리치는 최고의 방법은 작은 촛불을 밝히는 것이다. 빛이 있으면 어둠은 자연스럽게 사라지는 것이다. 이처럼 우리의 불행을 사라지게 하는 유일한 방법은 타인에 대한 관심과 사랑을 통해 행복하게 사는 것이다.

“ 어둠은 볼 수 있다는 게 얼마나 감사한 일인지 일깨워줄 것이며, 정적은 소리를 들을 수 있다는 게 얼마나 기쁜 일인지 알려줄 것입니다.” – 헬렌 켈러 –

어둠은 볼 수 있다는 게 얼마나 감사한 일인지 일깨워준다.

< 사흘만 볼 수 있다면 >

_ 헬렌 켈러

" 들을 수 있다는 게 얼마나 고마운지 아는 사람은 귀머거리뿐입니다. 볼 수 있다는 것만으로도 얼마나 다채로운 축복을 누릴 수 있는지는 소경밖에 모릅니다. 특히 후천적인 이유로 청각이나 시각을 잃어버린 사람이라면 더욱 감각의 소중함을 절실히 깨닫습니다. 하지만 시각이나 청각을 잃어본 적 없는 사람은 그 능력이 얼마나 축복받은 것인지 제대로 알지 못합니다."

< 21쪽 >

이 책은 53세의 헬렌 켈러가 쓴 수필이다. 그녀는 인간의 위대함이 무엇인지를 우리들에게 일깨워 준 여성이다. 그런 점에서 그녀는 위대하다. 동시에 그녀는 우리가 매일 아무 생각도, 아무 가치도 못 느끼는 것들, 즉 눈으로 볼 수 있다는 것, 귀로 들을 수 있다는 것 등이 얼마나 가치 있는 것인지를 일깨워 준다. 그녀는 우리의 평범한 일상이 얼마나 놀라운 축복이며 기적인지를 깨닫게 해 준다.

“ 어둠은 볼 수 있다는 게 얼마나 감사한 일인지 일깨워줄 것이며, 정적은 소리를 들을 수 있다는 게 얼마나 기쁜 일인지 알려줄 것입니다.” < 21쪽 >

그녀가 한 이 말처럼 어둠이 있기에 볼 수 있다는 것이 얼마나 감사한 것인지 깨닫게 되는 것이며, 죽음이 있기에 살아있다는 것이 얼마나 기쁜 일인지 깨달을 수 있는 것이다. 만약에 우리에게 죽음이 없다면, 우리의 인생은 정말 중

구난방이 될 것이고, 엉망진창이 될 것이다.

죽음이 없이 지금, 현재의 생명을 영원히 유지할 수 있게 되면, 많은 사람이 생명을 경시하게 될 것이다. 살인을 저질러도 그 상대가 죽지 않으므로, 살인자라는 것이 사라지게 될 것이고, 모든 건물이나 물건들이 대충 지어지거나 만들어질 수 있을 것이다. 사고가 나서 건물이 무너져도, 그리고 아무리 오랜 시간이 걸려도 꺼내기만 하면 되기 때문이다.

죽음이 없다면 이렇게 이상한 일들이 수도 없이 많아질 것이다. 하지만 이것은 어디까지나 현상에 불과하지만, 더 중요한 사실은 죽지 않고 영원히 살기 때문에 우리의 삶은 뒤죽박죽이 될 수가 있다. 100년 정도는 마음대로 내키는 대로 살다가. 그다음 100년은 착하게 살다가. 다시 재미없으면 그다음 100년은 해 보지 않은 것을 해 보면서 살게 될 것이다. 그리고 그런 삶에 싫증이 나게 되면, 좀 더 강도가 높은 것들을 해 보면서 살게 될 것이다.

이렇게 오랫동안 내키는 대로 마음대로 살면서도 삶에 대해 감사한 마음을 가지고, 겸허하게 즐겁고 기쁘게 살아가는 사람들이 사라지게 될 수도 있을 것이다. 죽음이 없는 세상, 모든 사람들이 영원히 사는 세상이 온다면, 질서나 교육이나 복지 등은 과연 어떻게 유지해야 하는 것일까? 우리가 생각하는 것보다 훨씬 더 심각한 문제가 초래할지도 모른다.

죽음이 사라진 세상의 가장 큰 문제는 사회적인 문제가 아니라 개인적인 삶의 모습에 관한 문제가 될 것이라고 여겨진다. 그렇기 때문에 죽음이 어떤 측면에서는 나쁜 것이 아니라고 할 수도 있다. 동전도 양면이 있는 것처럼 말이다. 물론 또 어떤 측면에서는 죽음만큼 고통스러운 것도 없을 것이다.

그녀는 우리가 일상적으로 경험하는 것들에 대해 우리가 얼마나 그것을 당연시하고 그로 인해 감사하거나 그 어떤 감흥이나 흥분이나 열광하지 않는 것에 대해 이상하게 생각했을 뿐만 아니라 우리로 하여금 그러한 타성에 젖은 무미건조한 삶의 생활 방식에서 왜 벗어나야 하는 지에 대해 일깨워 준다.

“ 얼마 전 친한 친구를 만났는데 그 친구는 마침 숲속을 오랫동안 산책하고 돌아온 참이었습니다. 나는 무엇을 보았느냐고 물었습니다. ‘별거 없어’ 어떻게 한 시간 동안이나 숲속을 거닐면서도 눈에 띄는 것을 하나도 보지 못할 수가 있을까요? 나는 앞을 볼 수 없기에 다만 촉감만으로도 흥미로운 일들을 수백 가지나 찾아낼 수 있는데 말입니다. 오묘하게 균형을 이룬 나뭇잎의 생김새를 손끝으로 느끼고, 은빛 자작나무의 부드러운 껍질과 소나무의 거칠고 울퉁불퉁한 껍질을 사랑스럽게 어루만집니다. 봄이 오면 자연이 겨울잠에서 깨어나 기지개를 켜는 첫 신호인 어린 새순을 찾아 나뭇가지를 살며시 쓰다듬어봅니다. .... 그저 만져보는 것만으로도 이렇게나 큰 기쁨을 얻을 수 있는데, 눈으로 직접 보면 얼마나 더 아름다울까!
”   < 22쪽 >

바로 이러한 생각에서 그녀는 자신이 만약에 단 사흘만이라도 앞을 볼 수 있게 된다면 자신이 무엇을 할 것인지에 대한 상상의 나래를 펼친 것이 이 수필인 것이다.

그녀는 사흘만 볼 수 있게 된다면 가장 먼저 어둠 속에 있던 자신을 깨우쳐주고 자신에게 다가와 바깥세상을 활짝 열어 보여준 사랑하는 앤 설리번 선생님의 얼굴을 오랫동안 바라보고 싶다고 말한다. 그녀는 자신과 같이 생후 열아홉 달 만에 시력과 청력을 잃어버린 사람을 가르친다는 것이 얼마나 힘든 일이라는 사실을 누구보다 잘 알고 있기에 설리번 선생님에 대한 사랑과 감사의 마음은 그 무엇과도 바꿀 수 없을 정도의 숭고한 것임을 우리는 알 수 있다.

그녀는 볼 수 있게 되는 첫날에는 또한 사랑하는 친구들을 모두 불러 모아 그들의 얼굴을 오래오래 들여다보며 그들 내면에 깃든 아름다움의 외적인 증거를 가슴에 새길 것이라고 말한다. 또한 충직하고 믿음직한 개 두 마리의 눈도 들여다보겠다고 한다. 그리고 그날 오후에는 오래도록 숲을 산책하며 자연의 아름다움에 흠뻑 취해보고 싶다고 말한다.

앞을 볼 수 있게 된 둘째 날에는 새벽같이 일어나 밤이 낮으로 바뀌는 그 전율 어린 기적을 바라보겠다고 말한다. 태양이 잠든 대지를 깨우는 장엄한 빛의 장관은 얼마나 경이로울지 그녀는 상상한다. 그리고 그녀는 이 둘째 날에 세상의 과거와 현재를 바라보는 일에 바치고 싶다고 말한다. 그녀가 말한 그 일은 바로 인간의 진화 과정이 담긴 박물관을 찾아가는 것을 의미한다. 그리고 그 다음 행선지로 미술관을 찾아 간다고 말한다.

즉 그녀는 둘째 날을 예술을 통해 인간의 영혼을 탐색하는 일에 바치고자 하는 것이다. 그 전에는 손으로만 만져보고 알았던 것들을 이제는 눈으로 직접 보면서 탐구하고 싶었기 때문일 것이다. 그리고 둘째 날 저녁은 연극이나 영화를 보면서 지내고 싶다고 말한다.

그녀는 자신이 스스로 상상으로 만들어낸 기적의 마지막 날인 셋째 날 역시 새로운 기쁨을 발견하고 싶은 마음에 들떠 새벽을 맞이할 것이라고 말한다. 그리고 그 날은 현실세계에서 사람들이 일하며 살아가는 모습을 구경하며 보낼 것이라고 한다. 그래서 사람들의 왕성한 활동과 일상의 모습을 볼 수 있는 뉴욕에 갈 것이라고 한다. 그곳에서 가장 거대한 건축물 중 하나인 엠파이어스테이트 빌딩의 꼭대기로 급히 올라가 얼마 전에 비서의 눈을 통해 본 적이 있는 그곳에서 내려다보이는 풍경을 상상하던 모습과 실제로 눈으로 본 모습이 차이가 난다해도 실망하지 않을 자신이 있다고 한다. 그것은 눈으로 직접 보는 광경은 또 다른 세계의 광경과 다름없을 것이기 때문이라고 한다.

그러고 나서 그녀는 도시의 구석구석을 돌아다

니면서 사람들이 일하고 살아가는 방법과 모습을 더 깊이 탐구하고 이해하기 위해서 사람들과 물건들의 이미지로 가득 채울 것이라고 말한다.

이 책을 통해 우리가 배울 수 있는 최대의 교훈은 우리가 너무나 당연시하게 생각했던 저녁노을의 아름다운 석양을 보는 것이 누군가에게는 평생의 최대의 이루지 못할 꿈이라는 사실이다.

우리가 얼마나 놀라운 축복들을 너무나 당연시 여긴다는 사실에 대해 우리는 한번 쯤 생각해 보게 만드는 이 책은 시력과 청력을 잃은 한 여성의 위대한 도전과 그녀의 삶을 통해 우리에게 슬픔과 비탄을 제공해 준 것에 대해 새로운 시각과 사고를 가짐으로써 새로운 삶을 살아갈 수 있게 조력해 주고 남을 것이다. 이것이 바로 비탄에 빠진 독자들에게 이 책을 추천하는 이유이다.

“ 성공하는 사람과 실패하는 사람의 가장 큰 차이는 실패한 후 다시 일어날 수 있느냐 그렇지 못하느냐에 달려 있다.” - 존 그레이 -

인생은 90%의 생각과 10%의 행동으로
이루어진다.
< 존 그레이 성공의 기술 >
_ 존 그레이

" 참된 행복은 운이 좋거나 기회를 잘 잡아 얻어지는 것이 아니다. 물론 재능이나 행운을 타고나는 사람들도 있다. 하지만 이 세상에는 힘써 배우고 어렵게 훈련한 끝에 성공에 이른 사람들이 훨씬 더 많다. 그리고 무엇보다도 다행인 것은 참된 행복을 얻기 위한 비법이 누구라도 배울 수 있을 만큼 쉽다는 것이다. 그저 생각하고 느끼고 행동하는 방식을 조금만 변화시키면 된다. 아주 작지만 커다란 변화, 이것만 있으면 우리의 삶은 새롭게 바뀌어질 수 있다." < 9 ~ 10쪽 >

이 책의 저자는 우리가 참된 행복을 누리기 위해서 많은 것을 변화시킬 필요가 없다고 말한다. 우리가 참된 행복을 누리기 위해서 필요한 것은 자신이 원하는 것을 이루는 것보다 자신이 이루어놓은 것에 만족할 줄 알고 그것을 계속해서 소중히 여길 줄 아는 것이라고 말한다.

우리는 지금까지 살면서 원하는 것을 이룰 수 있는 방법을 수도 없이 많이 배워왔다. 하지만 일단 그것을 손에 넣기만 하면 더 이상 그것에 관심을 갖지 않는다. 한 가지를 가지게 되면 또 다른 욕심이 생기고, 아직도 무언가 모자란다는 생각을 하게 된다는 것이다. 결국 원하는 것을 이루었음에도 불구하고 자기 자신에 대해서, 인생과 일에 대해서 불만이 생겨나게 되는 것이다.

바로 이런 이유에서 이 책의 저자는 우리가 인생에서 행복하고 성공하기 위한 기술로 정신적인 마음의 평화와 함께 물질적인 성공, 이 두 가지를 모두 제시하고 있는 것이다. 참 된 행복을 누리기 위해 원하는 것을 성취해야 하고, 동시에 성취하기 전이든 후이든 마음의 평화와 만족을 누릴 수 있어야 한다고 주장한다.

하지만 분명한 사실은 '행복은 돈으로 살 수 없는 것'이라는 사실이다. 커다란 성공을 거두고도 불행하다고 생각하는 사람이 많고, 실제로 불행하다. 그럼에도 돈이나 물질적인 성공이 무조건 행복을 가져다 줄 것이라는 환상은 돈 없이도 혹은 물질적인 성공을 성취해 나가는 과정에서는 행복해질 수 있는 힘이 약해 질 수밖에 없다. 더 나쁜 문제는 돈을 많이 가지게 되었다 해도 이러한 생각을 가진 사람들은 정작 부자가 된다 해도 행복하지 못 하다는 것이다.

결론은 돈을 통해 행복할 수 있는 사람은 오히려 돈이 없어도 행복할 수 있었던 사람들이라는 사실이다. 이러한 사실에 대해 이 책의 저자는 이렇게 설명한다.

" 돈, 명예, 결혼, 자녀, 근사한 직업, 멋진 옷,

복권 당첨 등과 같이 겉으로 보이는 성공은 마치 감정을 부풀리는 요술 거울과도 같다. 그래서 마음이 평온한 상태에서는 이러한 외면적인 성공이 마음을 더욱 평온하게 만든다. 충분히 행복하고 사랑받은 사람은 외면적인 성공을 얻으면 더욱 행복해지고 더 많이 사랑받는다고 느낀다. 그리고 자신감에 차 있는 사람이라면 자신감이 더욱 넘쳐흐르게 된다. 그런데 이와는 반대로 행복하지 않은 상태에서 외면적인 성공을 거두게 되면 오히려 기쁨이나 사랑, 자신감 또는 마음의 평온을 잃게 되기가 쉽다. 참된 행복을 이루어놓지 않은 상태에서는 ‘더 많이 가지는 것’이 삶에 복잡한 문제를 일으켜서 상황을 더욱 힘들게 만들 뿐이다. 행복한 사람만이 돈이 생겼을 때 더 행복해질 수 있다.” < 29 쪽 >

이 책의 저자는 좀 더 완벽한 행복을 위해서는 돈이 없어도 행복할 수 있는 사람이 되어야 하고, 그다음에 돈을 벌게 되면 그 사람은 더 행복해질 수 있다고 말한다. 그래서 정신적인 행복만으로는 완벽한 행복을 누릴 수 없으며 또한 물질적인 풍요를 추구하는 것은 죄악이 아니라고 말한다.

좀 더 멋지고 근사하고 좋은 행복은 정신적인 풍요와 물질적인 풍요가 모두 갖추어진 것이라고 이 책의 저자는 말한다. 우리가 조심해야 할 것은 정신적으로 풍요롭지 못 한 사람들이 죽을 힘을 다해 열심히 일해서 세상적인 성공과 부를 획득하게 되는 것이다. 이럴 때는 오히려 정신적인 풍요만 갖춘 사람들보다 훨씬 더 정신적 빈곤에 시달리게 되고, 그 힘이 더 막강해지기 때문에 어느 정도의 행복도 누리지 못하게 된다.

정신적으로 풍요로운 사람은 더 많이 갖고 싶어 하는 자신의 욕망을 무조건 억누르지 않으면서도 집착하지 않고, 현재 자신이 가진 것과 이룬 것에 대해 감사할 줄 아는 사람들이다. 물질적으로 풍요로워 질 수 있는 사람은 열정과 믿음, 그리고 집착이 아닌 건전한 욕망을 가지고 있는 사람이다. 바로 이런 이유로 목표를 분명히 세우고 그것을 이룰 수 있다는 믿음을 가지고 전진하는 것이 중요하다.

이 과정에서 실패와 좌절은 반드시 찾아온다. 그래서 결국 길게 봤을 때 성공하는 사람들은 모두 실패와 좌절을 딛고 일어선 사람들이라고 할 수 있다. 그래서 이 책의 저자는 이런 말을 한다.

" 성공하는 사람과 실패하는 사람의 가장 큰 차이는 실패한 후 다시 일어날 수 있느냐 그렇지 못하느냐에 달려 있다." < 16쪽 >

그렇다면 어떤 사람이 실패한 후 다시 일어설 수 있는 사람일까? 우리는 어떻게 해야 이런 사람이 될 수 있을까? 그 해답은 바로 우리의 생각이라고 이 책의 저자는 말한다. 생각이 모든 일의 원동력이기 때문이다. 무기력하고 희망이 없다고 생각할수록 더욱더 무기력해지고 실제로 희망이 없어진다. 하지만 그 어떤 절망의 순간에도 희망이 있다고 생각하면 실제로 희망이 생겨나게 된다. 더 중요한 사실은 바로 그러한 생각 때문에 우리는 다시 무모하게 보이고 헛수고 같이 보이는 그런 도전을 또다시 할 수 있게 된다는 사실이다.

연인이나 배우자가 내 말을 들을 것이라고 생각하면 실제로 그렇게 되고, 반대로 생각하면 또한 실제로 그렇게 된다. 즉 긍정적으로 생각하면 세상과 당신의 주위 사람들은 긍정적인 생각대로 움직여 주고 반응해 준다는 것이다. 그런 점에서 우리의 생각은 90%의 영향을 우리와 우리 인생에 끼친다.

그래서 변할 수 있는 힘은 우리 내면에 있다는 말은 틀린 말이 아닐 것이다. 바로 이런 이유 때문에 우리가 살고 있는 이 세상과 우리의 인생과 미래는 우리의 내면을 비추는 거울과 같다고 말할 수 있는 것이다. 우리는 모두 우리의 운명을 개척해 나갈 수 있는 힘을 내면에 가지고 있다. 이것이 바로 이 책이 제시하는 성공의 기술의 요체인 것이다.

에머슨은 '우리가 끈기 있게 노력할 때 일이 더욱 쉬워지는 것은 일의 성격이 변화해서 그런 것이 아니라 우리의 능력이 개선되었기 때문' 이라고 말한 적이 있다. 그의 표현을 빌려 본다면, 우리의 인생이 더 행복하고, 더 성공적으로 변했다면 그것은 인생이란 것의 성격이 변화해서 그런 것이 아니라, 우리의 생각과 행동이 한 단계 더 수준이 높아졌기 때문이다.

지금보다 조금만 더 나은 생각을 할 수 있게 되고, 훌륭한 행동을 할 수 있게 된다면, 인생은 훨씬 더 나은 인생이 될 것이다. 생각은 우리로 하여금 참된 행복과 그것에 이르는 길에 대한 성찰을 꾸준히 할 수 있게 해 주고, 훌륭한 행동은 그러한 길을 준비하면서 그 길을 걸어갈 수 있게 해 준다.

이 책의 저자가 제시하는 참된 행복을 엿보면 이것이다.

" 원하는 것을 얻고 그것을 계속해서
소중히 여기는 것,
그것이 바로 참된 행복이다. "

이러한 정의에 따르면, 많이 가져야 행복한 것은 아니다. 어느 정도 가졌을 때, 그것을 충분히 누리고 소중히 여길 수 있는 마음의 평화와 기쁨, 감사하는 마음도 행복한 삶을 살기 위해 필요한 것이다. 그렇기 때문에 참된 행복이란 운이 좋거나 기회를 잘 잡아서 얻어지는 것은 아니다. 생각하고 느끼고 행동하는 방식을 조금만 변화시키면 우리의 삶은 새롭게 바뀌어 질 수 있을 것이다.

이 책의 저자가 말하는 작은 변화란 타인에 대한 분노, 남 탓하기, 불안, 우유부단, 망설임, 완벽주의, 자기 연민, 혼란, 죄의식, 편견, 비난 등과 같은 부정적인 감정과 생각을 긍정적인 방향으로 변화시키는 것을 의미한다. 이러한 것들로부터 변화가 일어나면 우리는 인생에 당당히 맞

설 수 있게 되고, 그 순간 인생은 더 이상 고통이 아니라 행복이 된다. 그러한 변화는 참된 자아가 깨어나고, 자신감이 살아나고, 과거의 아픔은 더 이상 우리를 사로잡지 못하게 되는 것이다.

처음에는 원하는 것을 갖게 되기만 해도 행복해진다고 느끼지만, 그 순간은 금방 지나가버리고 소유보다 지속이 더 중요한 개념이라는 것을 깨닫게 된다. 결국 성공에 집착하는 마음은 우리를 더 공허하게 만들고, 조급하게 만들고, 불만이 쌓여가게 만든다. 참된 행복은 그래서 현재의 삶을 기뻐하고 즐거워하고 감사할 때 비롯된다. 소유의 완성은 평생 끝날 수 없기 때문이다. 하지만 마음의 기쁨과 감사와 평화는 지금, 이 순간 부족한 상태에서도 완성될 수 있기 때문이다.

그런 점에서 마음에서 우러나오는 평화와 행복이 참된 행복인 것이다. 그리고 이러한 참된 행복 없이는 많이 가질수록, 높게 올라갈수록, 인기가 많아질수록 더 불행해질 뿐이라는 사실은 이 책이 우리에게 제시하는 가장 중요한 교훈이 아닐 수 없을 것이다.

“최소한의 것으로 살아가며, 심플하게 생각하라. 단순함이야 말로 삶이 줄 수 있는 최고의 풍요이다.”

– 헨리 데이비드 소로 –

무엇을 위해 쉼 없이 일하는가?

< 행복의 중심 휴식 >

_ 울리히 슈나벨

“ 휴식이야말로 모든 위대한 사상의 시초라고 역설하고 증명하는 작가, 음악가, 사상가는 이 밖에도 많기만 하다. 창조적 착상이라는 것은 강제로 끌어온다고 해서 얻어지는 게 아니라 생각의 발길이 닿는 대로 자유롭게 따라가다가, 말 그대로 영감의 여신 뮤즈가 우리에게 입맞춤할 시간과 기회를 주어야만 얻어진다. 그리고 그럴 장소로 각자의 침대보다 더 좋은 곳이 또 있을까? ” < 99쪽 >

세계 역사상 유례가 없는 경제 성장을 이룩한 위대한 대한민국의 국민이 가장 못 하는 것들이 있다. 바로 놀이와 휴식이다. 문제는 놀이와 휴식이 해도 그만 안 해도 그만인 그런 것들이 아니라는 데에 있는 것이다.

놀이와 휴식은 모두 자신의 시간을 자신의 마음대로 결정하고 통제할 수 있다는 점에서 우리들을 건강하게 해 주고 창의적이게 해 주고 좋고 긍정적인 에너지로 충만하게 해 준다는 점에서 삶에 지친 이들, 아등바등 살아가야 하는 이들을 비롯해서 모든 이들에게 필요한 것들이다.

런던에서 1만여 명이 넘는 관리들을 상대로 근무 만족도와 건강 상태를 조사해 본 결과는 우리가 왜 자신의 시간을 마음대로 결정하고 통제할 수 있는 그런 시간을 확보해야 하는 지에 대해 잘 말해 주고 있다.

관청의 위계질서에서 직급이 낮은 관리일수록, 즉 자신의 업무에 있어서 결정권과 통제권이 없을수록 스트레스에 더 많이 시달리고, 병에 걸릴 확률은 더 높은 것으로 나타났기 때문이다. 최하급 관리는 최고 상관에 비해서 세 배는 더 자주 병가를 냈으며, 같은 나이라 할지라도 사망 확률은 세 배나 더 높았던 것이다.

알코올이나 흡연, 교양 정도, 수입, 스포츠 등 우리가 흔히 생각하는 위험 요소로는 이러한 차이를 절대로 설명할 수 없다. 다만 공무원이 언제 어떻게 업무를 처리할지 스스로 결정할 권한이 적으면 적을수록, 당사자는 더 큰 스트레스를 받았으며, 그만큼 심장마비나 뇌졸중에 걸릴 위험이 더 커진다는 것이다.

시간 부족과 끊임없는 압박감에 시달리는 사람들에게 참다운 해방은 자신의 시간에 대한 통제권이며 결정권이라고 이 책의 저자는 다음과 같이 말한다.

" 자신의 시간을 다스릴 수 있는 지배권을 갖는 것이야말로 시간 부족과 끊임없는 압박감에서 해방시켜주는 가장 중요한 열쇠 가운데 하나다. 참다운 휴식을 누리기 위해서는 아직 한 가지가 더 필요하다. 그건 바로 끊임없이 산만함에 시달리지 않고 순간의 행복을 충분히 음미할 줄 아는 능력이다.” < 40쪽 >

더불어 이 책의 저자는 우리가 휴식을 제대로 즐기기 위해서는 어느 정도의 연습이 필요하다고 말한다. 본능적인 충동에만 끌려 다니지 않기 위해서는 때로는 버리고 비울 줄도 알아야 한다고 말한다. 버리고 비울 때 우리는 훨씬 더 지금 이 순간을 즐기고 기뻐할 수 있게 되기 때문이다. 풍선을 하늘로 날아오르게 할 수 있게 하기 위해서는 무거운 짐들을 포기할 줄 알아야 하듯 우리가 우리의 인생에 휴식을 주기 위해서는 포기할 줄 알아야 한다는 것이다.

“ 휴식은 두 가지 핵심 조건으로 정의할 수 있다. 우선, 자신이 시간의 주인이 되는 느낌을 가져야 한다. 둘째, 늘 새로운 가능성을 찾고 더 나은 대안이 무엇인지 고민하는 것을 포기할 줄 알아야 한다. 이런 현명한 포기야말로 바로 '지금' 이라는 유일한 순간에 온전히 주의를 모으고 집중할 수 있게 해 준다. 현재를 온전하게 맛볼 줄 아는 사람이라면 고대 그리스 철학자들이 믿었듯, 순간의 기쁨을 통해 신의 경지에 근접하리라."
< 53쪽 >

이 책의 저자는 휴식이 그저 아무것도 안 하고 쉬는 것이라고 말하지 않는 다. 오히려 휴식은 자기 시간의 주인이 바로 자신임을 깨닫는 것이고 동시에 지금 이 순간을 가장 즐겁게 누릴 수 있는 것, 그래서 시간의 종소리가 들리지 않을 만큼 지금 이 순간에 몰두하게 하는 것 그래서 주변의 모든 것을 잊고 편안한 즐거움을 맛볼 수 있게 해 주는 행복감이라고 말한다.

" '흐름' 이라고 옮길 수 있는 '플로우 flow' 는 어린아이처럼 바로 지금 하고 있는 행위에 몰입함으로써 주변의 모든 것을 잊고 편안한 즐거움을 맛볼 수 있게 해주는 행복감을 가리키는 말이다. 이때 시간은 그 어떤 의미도 잃고 만다. 행복한 사람에게 시간의 종소리가 울리지 않는다

는 것이야 자명한 이야기가 아닌가." < 241쪽 >

자신이 하는 일에 몰입을 하게 될 때 우리는 주의를 산만하게 하는 방해 요소들을 모두 제거할 수 있고, 그 시간의 참 된 주인이 되어, 몰아일체의 경지를 경험하게 되는 데, 이 때 몸과 마음이 지치는 것이 아니라 오히려 없던 힘과 에너지가 생겨나는 것을 우리는 경험하게 된다.

이런 이유 때문에 우리는 하기 싫은 일이나 수동적으로 일을 하는 것을 반드시 피해야 하는 것이다. 그리고 바로 이런 이유에서 자신이 좋아하는 일을 하는 사람들은 더 많이 일을 해도 더 적게 지치게 되고, 오히려 일을 할수록 더 건강해지고, 더 기분이 좋아지게 되는 것이다. 그래서 위대한 위인들이나 노벨상 수상자들은 하나 같이 일을 한 적이 없다고 말하는 것이다. 그들에게 일은 휴식과 놀이와 같은 것이라는 말인 이유가 바로 이런 이유 때문인 것이다.

이 책의 저자는 우리의 몸과 마음뿐만 아니라 뇌도 휴식을 필요로 하고 있다고 말한다. 과거 어느 때보다 지금 우리가 살고 있는 이 시대는 정보 홍수 시대이기 때문이다. 정보 홍수는 주의력을 위협할 뿐만 아니라 중독 증세까지 몰고 간다. 우리 뇌는 끊임없이 인터넷에 매달리며, 언제든 연락할 수 있어야만 한다는 통신 강박관념 때문에 결정력과 우리의 의지를 취약하게 할 수 있다고 말한다.

낮잠을 즐기거나 명상을 하는 것, 간단하게 창밖을 물끄러미 바라보는 게 시간 낭비가 아니라는 사실에 대해 이 책의 저자는 강조한다. 그러한 시간은 우리의 기분을 풀어주고, 창의력도 끌어올려 주고, 결과적으로 우리의 실력과 에너지를 향상시켜 주기 때문이다.

제대로 된 휴식과 평온과 평안을 누리기 위해 멀리 떨어진 곳에 가야만 하는 것은 아니라고 말한다. 우리 주변에서 여유를 찾고 휴식을 누릴 기회는 얼마든지 있지만 이것을 하지 못 하게 하는 것은 대개 우리의 잘못된 습관과 사고 방식 때문이다.

이 책을 통해 필자는 '긴장을 풀고, 서두르지 않고, 느림을 즐기는 생활 방식'의 중요성에 대해 다시 한번 깨닫게 되었다. 행복은 멀리 있는 것이 아니라 우리의 휴식과 여유 속에 있는 것이다. 그걸 누리지 못하게 하고 발견하지 못하게 하는 것은 성공에 대한 욕심과 집착인 것이다. 경쟁의 논리 속에서 자신을 해방시키기 위해 우리에게 필요한 것은 버리고 비우고 내려놓은 것이다. 이 책을 추천하는 이유는 바로 이러한 삶의 방식에 대해 잘 설명해 놓고 있기 때문이다.

사람은 세상 때문에 괴로운 것이 아니다.

세상을 바라보는 관점 때문에 괴로운 것이다.

– 에픽테토스 –

에필로그 _ 책은 삶의 특권이며 최고의 사치이며 향락이다.

' 인생을 바꾸는 것은 재능이 아니라 독서이다. '

빌 게이츠, 워렌 버핏, 오프라 윈프리, 스티브 잡스, 손 정의, 조지 소로스, 마오쩌둥, 존 스튜어트 밀, 세종 대왕, 나폴레옹 의 공통점은 독서가 그들의 삶을 도약시켜 놓았다는 것이다.

이들은 모두 남들보다 훨씬 더 많은 독서를 한 사람들이다. 그리고 그 결과 평범한 사람들보다 훨씬 더 많은 업적을 달성해 낸 사람들이다.

모든 성공은 자기 자신에게서 비롯된다. 그리고 그 자신은 자기가 읽은 것에 의해서 완성된다. 결국 모든 성공은 자신이 읽은 것을 통해 비롯되는 것이다.

독서를 한다는 것은 삶의 특권이다.

독서만큼 경제적인 것은 없기 때문이다. 독서만큼 쉽고 편하면서 최대의 효과를 가져다주는 것은 없기 때문이다. 독서만큼 우리에게 많은 생각의 재료를 주는 것은 없다. 독서만큼 우리의 삶을 풍요롭게 해 주고 윤택하게 해 주는 것은 없기 때문이다. 독서만큼 우리 자신을 도약하게 해 주는 것도 이 세상에는 없기 때문이다. 독서만큼 이 세상을 통찰할 수 있는 안목을 제공해 주는 것도 없기 때문이다. 독서만큼 우리에게 기쁨과 위안을 주는 것은 없기 때문이다.

누군가 만들어놓은 길을 가는 것은 쉽다. 하지만 그 길은 망하는 길이다. 아무도 만들어 놓지 않은 새로운 길을 우리는 가야 한다. 하지만 그 길은 매우 힘들고 어렵다. 그래서 독서가 필요한 것이다. 많은 책을 통해 우리는 의식과 사고를 도약시켜야 하고, 그 결과 자신만의 새로운 길을 개척할 수 있다. 그리고 그 길은 성공하고 번영하는 길이 되는 것이다.

우리를 최고의 자리로 이끄는 것은 무조건 열심히 일하는 것이 아니다. 우리를 최고의 자리로 이끄는 것을 자신에게 가장 맞는 올바른 일을 선택하고, 그 일을 가장 현명하고 효율적으로 하는 것에서 비롯된다. 이러한 올바른 일과 올바른 방법을 발견하고 찾아내기 위해서 우리에게 필요한 것은 바로 독서이다. 독서를 통해 우리를 찾을 수 있고, 세상을 내다볼 수 있게 되기 때문이다.

독서를 한다는 것은 최고의 사치이며, 향락이다.

이 세상에서 독서만큼 우리에게 중독을 일으키는 것도 없다. 독서의 맛을 제대로 경험한 사람들은 자신의 아내를 팔아서 책을 사고, 자신의 집을 팔아서 책을 산다. 독서에 한 번 제대로 중독된 사람은 밥을 먹으면서도 책을 손에서 놓을 수 없고, 다니던 직장을 포기하고서라도 책을 읽어야만 한다. 독서에 중독된 사람들은 먹을 쌀이 없어도 돈이 생기기만 하면 밥을 사 먹는 것이 아니라 책을 산다. 이것이 바로 책의 중독성이다.

책이 이렇게 중독성이 강한 이유는 무엇일까? 그것은 바로 책은 최고의 사치이며 향락이기 때문이다. 과거에는 책을 읽을 수 있었던 신분은 왕이나 귀족이나 선비였다. 이들은 모두 선택받고 축복받은 계층이었다. 과거 한 때에는 책을 읽는 것이 금지되었고, 몇몇 특권을 부여 받은 사람만이 책을 읽을 수 있기도 했다.

많은 사람이 독서를 하지 않는 이유는 독서의 맛을 제대로 경험해 보지 못했기 때문이다. 하지만 어떤 사람이라도 독서의 맛을 제대로 한 번이라도 경험하게 되면, 그다음부터는 절대 독서의 중독에서 빠져나올 수가 없게 된다. 결국 평생 독서를 하는 삶을 살아가야 하게 되는 것이다.

필자가 백수와 전업 남편에서 작가가 될 수 있었던 것은 엄청난 양의 독서를 집중적으로 했기 때문이다. 즉 필자의 모든 경쟁력의 대부분은 3년 동안 독서에 집중적으로 투자한 노력의 결과물이라고 할 수 있다. 그래서 필자는 독서의 위력에 대해서 거의 신앙에 가까운 확신을 갖고 있다. 필자에게 새로운 인생을 열어 준 것은 다름 아닌 독서였다. 독서를 하지 않았다면 필자는 지금도 백수였을 것이고, 전업 남편으로 집안일에 매여 사는 남자였을 것이다.

독서는 삶의 최고의 특권이며, 우리가 누릴 수 있는 향락이며, 최고의 사치라고 말하는 이유가 바로 이것이다.

인생에 지쳐 길을 잃고 방황할 때 우리가 할 수 있는 최고의 선택은 또한 독서이다. 책 속에 우리의 길이 있고, 우리의 힘이 있고, 우리의 미래가 있고, 우리의 사유가 있다. 인생을 살다 보면 결정적인 순간을 맞이하게 된다. 바로 그 때 우리가 상황에 잘 들어맞는 책을 읽을 수 있다면 그것보다 더 유익한 것도 이 세상에 없을 것이다.

이 책이 수많은 사람들에게, 조금 더 과장하자면 대부분의 사람들에게 유익한 지침서가 되어 주는 이유 중 하나는 독서하는 방법을 제대로 알고 있는 사람들이 그렇게 많지 않다는 것이다. 평생 책을 읽었고, 심지어 책을 쓴 위대한 작가이기도 한 괴테는 이런 의미심장한 말을 남긴 적이 있다.

"나는 독서하는 방법을 배우기 위해서 80년이라는 세월을 바쳤는데도 아직까지 그것을 다 배웠다고 말할 수 없다."

이처럼 독서라는 것은 우리가 생각하는 것만큼 저절로 되는 것이 아니다. 특히 좋은 책은 선택하는 방법을 배우는 것은 더더욱 어려운 기술이라고 할 수 있다. 그런 점에서 이 책은 매우 유익한 책이 될 것이다.

이 책을 통해 우리는 삶의 결정적 순간을 최고의 순간으로 만들 수 있다. 이것이 이 책의 가장 큰 유익함이다. 이 책을 통해 눈부신 미래를 펼쳐 나가기를 기원한다.

판권

초판 인쇄: 2025년 12월 20일
초판 발행: 2025년 12월 20일

펴낸이: 김병완
펴낸곳: (주) 플랫폼연구소

출판등록: 제 2020-000075호

이메일: pflab2020@naver.com

주소:서울시 강남구 삼성동 116 백우빌딩 402호

ISBN 979-11-24195-23-9(03190)